이영일 시집

꿈꾸는 숲길

문학사계

캐리커처 _ 일러스트레이터 서양화가 최 정 부

- 월간 미술세계 기획 초대 개인전
- 프랑스, 미국, 루마니아 개인전
- 한국 국제아트페어, 뉴욕 아트엑스포, 광주비엔날레 참가 교수

서문

고향마을에 뜬 별

김년균

시인 · 한국문인협회 명예회장

같은 꽃이라도 고향에서 핀 꽃은 다르다고 한다. 무엇이든 '고향'이란 이름이 붙으면 특별하게 보려는 마음이 솟구친다. 고향은 누구에게나 그만큼 정겹고 자랑스러운 곳이다.

고향에 대한 그리움 또한 변하지 않는다. 어떤 이는 고향이 그리워서 고향 사투리를 쓴다고 하고, 어떤 이는 고향 이름이 붙은 음식점만 찾아다닌다고 한다. 하긴, 꾀 많은 여우란 놈도 죽을 땐 제 살던 집에 찾아가 주둥이를 처박고 숨진다 했으니, 고향이란 곳은 하찮은 짐승까지도 그립긴 마찬가지인 모양이다.

내 고향은 호남평야의 중심인 김제이다. 너무 유명하여 부연할 필요가 없다. 땅의 끝이 하늘에 닿는다 하여 '지평선'이란 말이 쓰이는 곳이다.

그 고향마을에 요즘 별이 떴다. 거짓말처럼 널따란

곳에 그리운 별이 솟았다. 그 별이 이영일 교수다. 어릴 때부터 영특하기로 소문났었고, 젊어서부터 경영학 박사와 대학교수를 지내던 그가 이번엔 '하늘이 내린 선각자' 인 시인이 되었다.

'시인은 하나님의 숨결' (지브란)이라고 한다. '시인은 두뇌에 의해서 움직이는 게 아니라 심장의 박동에 의해서 사는 사람' (게오르규)이라고도 한다. 시인은 그만큼 특별한 존재이다.

경영학이 인간의 삶을 구현하는 학문이라면, 문학은 인간의 마음과 정신을 다스리는 학문일 터이다. 문학은 모든 학문의 중심이지만, 문학에서도 중심인 시는 '슬픔이든 기쁨이든, 그 자체 속에 이상을 좇는 신과 같은 성격을 갖고 있다' (보들레르)고 한다. 그러므로 시인이 되려면, 시대와 세월을 뛰어넘는 영험과 형안이 가슴에 넘쳐야 할 것이다. 그만큼 귀한 존재인 까닭이다.

시인으로 살아가려면, 견딜 수 없는 고통과 외로움이 따르기 마련이다. 남들의 관심과 사유의 벽을 뛰어넘어, 새로운 정신의 세계를 창출하기란 쉬운 일이 아니다. 한 편의 작품을 만드는 일은, 세상에 없는 또 하나의 우주를 만드는 일과도 같은 일이기 때문이다.

이영일 교수는 시인의 길에 들어선 지 얼마 되지 않으나, 벌써 시집을 내려고 한다. 그만큼 준비된 시인이기도 하지만, 삶의 뜨거운 열정과 더불어 새로운 도전을 향한 개척정신 또한 남다르다 아니할 수 없다.

나는 그가 시인의 길에 들어서길 권유한 사람으로서,

그가 내 고향뿐 아니라 더 넓고 큰 조국과 세상을 두루 비출 수 있는 별이 되리라는 것을 믿는다.

별이란 어둔 곳을 밝히기 위해 존재하는 것이기 때문이다. 그리하여 그가 부디 세상과 사람을 더욱 아름답고 향기롭게 하는 귀한 존재가 되기를 간절히 기원하며, 시집 출간을 진심으로 축하한다.

시인의 말

나는 갑자기 찾아온 두 번의 대수술을 통한 죽음의 골짜기를 장시간 헤매는 삶의 기로에서 푸른 언덕 위의 하얀 집을 꿈꾸며 고통과 불안함을 굳건한 의지와 인내로 버티고 있다. 이 불안한 삶에서 향토적 내음을 자양분으로 삶을 유지하고 희망의 메시지를 전해주고 싶었다.

역사는 흐르고 이상적인 사회를 향한 열망과 노력으로 사회를 행복하게 만들 수 있다는 작은 희망이 있기에 늦게 붓을 들었다. 두 번의 대수술은 희망과 절망이 공존하는 나와 너에게 우리 모두에게 서로가 서로에게 보듬어 주는 메시지가 필요함을 가르쳐 주었다.

나는 운명과 신에 대해, 이상과 현실·삶과 죽음·행과 불행·고통·영혼의 심연에 대해 좀 진지한 답을 제시하기 보다는 무수한 질문을 던지고 싶으며, 시공간을 무시하고 우리에게 공통되는 감정, 보편적인 생각이나 환상을 남기고 싶다. 사회에 대한 순진한 낙관주의나 허무한 비판주의 어느 한쪽으로 기울지 않으며 결코 남을 따라 하지도, 남이 따라오지도 못할 나만의 독창적인 메시지를 전하고 싶다.

삶이 고통스러우면 우선 생각나는 곳이 고향이다. 철없는 시절의 추억 한 컷, 고향의 공기만으로도 심란했던 마음은 평안해진다. 등잔불 밑에서 책을 읽다가 머리 태우던 일, 우물가 장독대에 떨어진 홍시와 오디, 텃밭의 옥수수와 잠자리, 노란 탱자와 참새, 모종의 푸른 소나무와 대나무, 처마 밑 제비집, 닭과 누렁이, 사각 통나무 속 돼지, 비료부대와 아이스께끼, 엿치기, 딱지치기, 자치기, 못치기, 연날리기, 농악놀이 등 이루 다 헤아릴 수 없을 만큼 추억의 흔적들이다. 일찍 출근하는 날에는 연구실에서 시를 쓰기 위해 퇴근할 때까지 서성거리며 치열하게 흔적을 남기는 날이면 무척 행복한 하루였다고 기억하곤 한다. 이 모든 것이 시적 대상으로 다가왔다.

최근 다양한 영역에서 시적 표현이 중요시 되고 있다. 경영활동 영역에서 심심치 않게 시적 표현이 접목되고 있다. 사람의 활동에 대한 근본적인 성찰을 제공하여 주는 시적 표현은 인간의 삶을 기름지게 할 뿐 아니라 올바르게 내면화한 개개인의 감성적 그 자체로 생활의 가치를 고양시켜 준다. 시적 표현은 경영활동을 수행하는 사람들에게는 쉽게 보이지 않은 것을 볼 수 있게 하는 안목을 제공한다. 지금 우리는 학문 융복합 시대에 살고 있다. 경영활동을 하는데 있어서도 효용만을 생각하지 않고 시적인 관점에서 접근하여 궁극적으로 고단한 인간 삶을 위로할 수 있을지 고민해야 한다. 많은 사람들이 서정적이고 감성적인 시적 소양을 갖추고 이러한 흐름에 능동적으로 참여할 때 성공적인 경영활동을 수행하고 새로운 삶에 있어서 행복해질 수 있을 것이다.

이번 시집을 발간하면서 나의 의지가 헛되지 않도록 재능보다 가능성을 높이 평가해주신 김년균, 황송문 시인께 감사드리며, 나보다 더 기쁘게 생각해주는 아내 며느리 아들 신이 내린 축복 같은 손녀가 있었기에 가능하였다. 시를 쓸 수 있도록 직간접적으로 시적 대상이 되어준 고향과 돌아가신 부모님, 숲길과 두 번의 대수술이 밀알 같은 역할을 하게 되었음을 전하고 싶다. 항상 처음 시작하는 마음으로 슬프고 가난한 영혼을 위해 시작활동을 하겠으며 내 몸속에 넓고 깊게 비어 있는 문학의 시공간을 채워갈 수 있도록 부단히 노력하겠다.

끝으로, 이 시집을 펴내 준 문학사계의 무궁한 발전을 기원한다.

2013년 늦은 봄에

이영일

이영일 시집 | 차례

Ⅲ. 아름다운 선율

I. 산새가 가르쳐준 길

도랑 길

나의 어린 시절은 아버지와 함께 푸른 들판이 드넓게 보이는 도랑 길을 뚜벅뚜벅 걸어가는 꿈길에서 시작되었다. 내 희망도 그 길 위에서 종이배처럼 접었다가 풀어 버리곤 했다. 나는 파란 하늘빛이 내려앉아 이슬을 머금고 도랑 길을 따라 내려갔다가도 노을에 붉게 물든 작업복을 동여매고 돌아오곤 했다. 그 도랑 길을 봄 여름 가을 겨울이 나와 동행하며 여러 번 걸어갔다. 뜸부기도 지심 매고 개구락지도 제길 찾아간 이후에는 메뚜기와 나는 벼 사이를 숨바꼭질하며 저녁놀을 맞이하였다. 그런 날 밤에는 어김없이 아파 누웠다. 어머니는 앞마당 탱자나무 사이로 언제 돌아올지 모르는 아버지, 돌아오지 못한 누님들을 기다리며 금방이라도 올 것 같아 멍하니 기다렸다. 그러면 어느새 저녁노을이 숨어 어둠이 초가집 처마 끝에 내려와 어머니와 내 가슴의 멍을 감싸주었다.

죽음의 골짜기에서

병실의 아침 신음소리가 열고 있었다.

창밖에서는 새순이 놀라 터져 나오고
지난 겨울을 이겨낸 고엽들이
수직의 파문을 일으키며 내려온다.

하얀 천사가 의료상자를 밀고 오는데
서서히 밝아지는 병실
아침과 상관없는 노인들이 솔밭 길을 걷는다.

죽음의 골짜기가 멀지 않은데
여기가 삶의 중간이란 생각이 드는지
본향이 이렇게 가까운 줄 미처 몰랐고
언덕 위의 하얀 집을 꿈꾸어왔고
꿈을 버리지 못한 채 꼭 쥐고 있는 사람들
주사바늘의 붉은 핏방울들, 흰 유리병들
혈관의 루트가 몸을 지탱시킨다.

광기어린 주모酒母 같은 아우성
인왕산 바위까지 이빨처럼 흔들린다.
연옥이 앞산에 있는데
이곳은 그래도 푸른 언덕이란 생각을 굴렸다.

항아리 속의 된바람

장독대에 감잎이 물든다.

서리 내리는 계절이면
겨울 준비를 하는 농부처럼 바쁘다.

휘파람 소리가 날아다니고
머리빗 사이로 흘러온 햇살 몇 올
항아리 뱃살을 더듬는 사이
떨어지는 감잎들이 농부들 주위를 맴돈다.

잘 익은 감은 저당 잡힌 추억
하지 못한 말을 속삭이고 있을 때
그 사이 다가온 추억들
까치들이 노란 신호에도 날아와
자신의 발자국을 남기고
다시는 돌아오지 못할 약속처럼
슬픈 표정으로 보였다.

어머니가 찾아오기 전
된바람은 사나웠다.
그러나 지금은 어떤 바람도

쉽사리 감속으로 들어가지 못하고
감나무 주위를 서성거릴 뿐.

풍신한 항아리들만이
된바람을 잠재우는 저녁
십일월 끝자락 속으로 더디게 숨을 내쉰다.

현대인

위쪽 아래쪽
여기저기 살펴본다.
칠흑의 어둠뿐
도저히 길이라고는 찾아볼 수 없다.

무수히 많은 길이 있는 데도
길을 찾아 헤맨다.
예수, 석가, 공자가 가르쳐주지만
믿고 따르려하지 않으며
색다른 길만을 요구한다.

그들은
도시화에 익숙해져
믿음을 잃어버리고
이곳저곳 기웃거리며
미로 속을 우왕좌왕 헤맨다.

비 애

한 걸음 한 걸음 오르자
시야가 트이는 절벽에
위태로운 소나무가 아슬아슬 버티고 있었네.

이제는 가슴이 뛰고 입술이 마르며
숨을 꼭 참고 심호흡을 해봐도
한걸음 전진할 수 없다네.

그간 빠르게 전진하지 못했지만
조금씩 전진하며 살았네.
순풍이 열대성 저기압으로 변하고 보니
반칙인생 사노라고 풍파가 있었네.

거센 비바람을 견뎌온 소나무는
넓고 푸른 바다를 향해
더 이상 소리칠 수 없어 멈추고 말았네.

바람소리 파도소리 한숨소리로
혼합된 음질이
솔잎에 묻혀 먼 허공을 향해 자맥질하네.

겨울밤

뒷산 소나무 숲에서 메마른 바람이 어머니를 이끌고 왔습니다. 젖가슴 같은 두 언덕에 머물러 손자며느리 보듬고 계셨습니다. 나는 잠시 바람의 여정을 그려보며 고단한 삶을 내려놓았지요. 어머니는 기차에 몸을 싣고 휴전선을 넘나들며 만주벌판까지 갔을 것입니다. 어머니, 당신은 투명하고 보이지 않아서 사람 따위에 신경 쓰시지 않아 좋겠지요. 당신이 묻히고 온 누런 먼지는 어쩐지 해묵은 솜이불 같았습니다. 어머니는 매년 겨울이 오면 큰 방에 넓게 깔아놓아 솜이불을 뜯어냈습니다. 풀 먹이고 다듬이질하여 바삭바삭 소리가 들리는 이불솜으로 걷어내 긴 겨울밤을 그 속에서 꿈을 꾸며 지냈지요. 막걸리를 드신 아버지는 하얀 눈을 치우시고 푸른 대나무 숲을 빠져나와 봄을 맞이하셨지요. 어느 날 긴긴밤 이불솜을 바느질하며 끄응하는 신음소리에 어둠은 더 깊어가고 있었지요. 나는 그 소리가 빛을 잃고 뒷산 소나무 숲으로 날아갈 것이라는 생각을 못 했습니다. 달빛이 문지방 밑으로 들어오고 더 이상 바느질하지 못한 다음에서야 긴 겨울밤이 왔다는 것을 알았습니다.

호 미

내 남은 삶은 호미가 되어 살리라.

세월의 흐름에 애환을 맡기고
희로애락에 흔들리지 않으며
솟구치는 콩잎에 입맞추고
돌멩이에 부딪히는 대로
뜨거운 지열을 머리에 이고서
콩밭 매는 어머니처럼
흙과 친한 호미처럼 살리라.

마침내 생명의 하늘까지
이어주는 풀잎
내리치는 번개에 아란 곳 하지 않고
끝이 무디어 대지를 뒤집지 못해도
흙과 숨을 쉬는 호미처럼 살리라.

탱자나무 집으로

오늘처럼 눈물이 나면
시골집 탱자나무에게 이야기한다.

가시나무 울타리 사이로
노란 탱자 따던 추억을 더듬어
옛집 아궁이에 불을 피운다.

앞마당 가시담쟁이는
늘 시원하게 열려있고
나팔꽃 사이사이 피는 날은
그 꽃잎에 기꺼이 가족이름 새기며
누군가 반가이 와 주기를 얼마나 바랬었던가!

아침저녁 참새군단이 목청껏 지저귀고
선선한 바람받이 뽕나무 위로 올라가면
오디 떨어지는 극락의 하루
방죽에 덤벙 빠져 지친 몸을 풀었지.

고 향

뜰 앞에는
황금물결로 넘실대는 고향
소나무 언덕에 둘러싸여
내촌이라 부르고
하얀 솜털 같은 뭉게구름
모종에 걸쳐 있으면
화사한 하늘의 햇살 타고 설렌 가슴 움켜쥔다.

달밤엔 모깃불 지피며
술래잡기하던 고향산천
모기소리까지 그리움이 살아
두근거리는 가슴을
움켜잡는 까닭은 무엇일까.

집 옆에는
단감나무 꽃이 만개하여
함박눈처럼 무수히 떨어진 장독위로
떫디떫고 달콤한 단감 맛 나는 고향
탱자처럼 환한 얼굴들
뜰 앞에서는
저녁노을이 냇가로 끝없이 흐른다.

가을 길목

백련사 은행나무 단풍이 곱게 물들었다.
산사의 스님은 가부좌하고 앉아
천리 밖 내다보고
서래봉 아래 나무들은
모두 다 고운 옷으로 갈아입는다.

푸른 꿈을 안고
서래봉 산길을 걸어가면
운 좋은 일이 많이 생기리라고
바람도 지나면서 훈수를 한다.

어느새
앞산에 걸친 태양은
아른아른 손짓하며
아름다운 마무리를 위해
떠날 채비를 하는 중이다.

추석秋夕

감나무 옆 장독
찬장 그릇 만큼 많았습니다.
넘칠 듯한 샘물 속 하늘
대지와 손잡고
지평선을 그립니다.

하얀 박을 따러 초가지붕 올라가면
나뭇잎에 앉아있는 보름달이
빚은 송편가루에 묻혀
오순도순 얘기합니다.

짙은 안개 속 차가운 새벽
동이 트기 전
이슬 먹은 감잎파리 떨어지는 소리에
부스스 눈을 비비면
조상님 그리움이 밀려와
서둘러 성묫길에 나선다.

추석이라는 향내 속에
고향 얘기 실려 봅니다.

꽃무릇 길

선운사를 아시나요?
도솔천 숲 사이로
초록빛 물결이 펼쳐지고
넘실거리는 붉은 꽃무릇에
나비가 춤추며 날아오를 듯
나뭇잎 사이로
한 줄기 햇살이 들어오는 순간을
기다리면서 외따로 피어있는
수줍은 새색시처럼 한가로이 휴식을 취한다.

붉은 꽃이 가득 피어난
실개천 길을 천천히 걸으면
햇빛 비추는 시공간 속에
달라져가는 꽃의 빛깔들
이름 모를 산새들
잔잔히 흐르는 실개천 위에
가을 하늘이 흐른다.

가을 길에 구름이 하나
하늬바람에 몸을 맡겨
고즈넉한 산사로 내려앉는다.

어머니

어머니!
어머님께 하고 싶은 말 있어요.
어머니를 어머니로 만난 기쁨이 큰 행복이었고
당신과 함께 한 세월 행복했다고.

어머님께서는
그리도 사랑하는 자식도 뒤로하고
한 겨울 매서운 칼바람처럼
냉혹하게 뿌리치시며
어찌하여, 북망산천北邙山川으로 가셨나요!

삼일장 치르던 날
당신을 두 손으로 감싸 안으면
다시 눈을 뜨고 살아나실 줄 알았지요.

그러나
그리움만 남긴 채
홀연히 떠나시다니요!

언젠가는
세월의 강물이 흘러간 후
어머님 곁으로 찾아가렵니다.

논두렁길

나의 어린 시절은 황금빛 바다가 펼쳐진 벌판의 논두렁길을 아버지와 함께 걸어갔다.

내가 바라는 희망의 꿈도 그 들판 위에서 나락과 함께 가마니에 채웠다가 다시 비워버렸다.

때문에 나는 노을 진 석양빛에 외따로 벼 그루터기를 즈려밟고 논두렁길로 걸어갔다가도 게슴츠레한 눈으로 쓸쓸히 돌아오곤 했다.

강가 옆 논두렁은 봄, 여름, 가을, 겨울이 나의 성장과 평행선을 그으며 자라났다.
뜸부기도 날아와 지심 매고 외기러기도 찾아와 배를 채운 후 어둠을 찾아 날아갔다 그러면 내 마음은 슬픔으로 남아 강가에서 자맥질한다.

아버지도 언제부터 있어왔는지 모른다는 메마른 강가에서 언제 돌아올지 모르는 청둥오리, 돌아오지 않는 외기러기, 돌아오지 않을 것 같은 두루미가 돌아올 것만 같아 젖빛 젖은 파도처럼 헤엄쳐 봤다 그 사이 어느새 버림받은 쭉정이가 내 주름살을 깊게 새겨주었다.

숭늉을 끓이며

누룽지 우려낸 숭늉을 마시고
나는 애달픈 내 맘속을 달랜다
어릴 때 마셨고 앞으로도 마실
은근 달콤한 우유 빛 같은 밥풀
앞으로는 검은 솥 우려먹은
누런 밥덩이를 볼 것 같지 않고
문 밖으로 쏟아지는 별빛을 맞으며
어둠을 깨우는 수탉소리 들릴 것 같지 않고

우연히
누룽지 끓는 물에 불려서 우려 낸
별을 먹고
메뚜기를 먹고
나방을 모이는 사람이니

오랜 가뭄 끝에
벼 이파리에 맺히는 아침 이슬로 메마른 목을 축이며
주룩주룩 퍼붓는 빗방울을 기다리는 농부의 마음처럼
텅텅 빈 창고
애달프고 한숨 내는 숨소리이니

정상에 오르면

산 정상에 올라 구름 아래 도회지와 길을 보면
아파트와 차들이 요술 상자와 장난감이다

처음엔 내 눈 안에 들어와
티끌만한 모델상자로 다가 왔으나
몇 번의 산행 후부터 한 세상 우주의 조각으로
내 마음의 중심으로 자리 잡는다

삶이 작아 보이던 작은 세상에 사는 사람들이
티끌만한 모습에서 점점
한 마음속에 큰 덩어리로 내려와 영원의 조각이라고
조용히 외치는 소리를 들으며
오늘도 나는 정상으로 향해 간다.

기다림

멀리 겹쳐진 산에게 하고픈 말
거침없이 토해냈다

메마른 나뭇가지 사이로 흘러간 말들
저녁 무렵이지만
날은 채 저물지 않았다

어둠은 조금씩 다가오고 있다
산언저리를 향해
나는 또 몇 마디 말을 토해낸다

지나온 일은 과거가 아니다
현재며 미래라고 외쳐본다

기다림, 가슴 속에 가득 찬
삶의 모든 것, 담아도 흩어지고
담아도 흩어지는 마른가지에 매달린 이파리처럼
거의 붙어있는 기다림

산 행

신발 끈을 조여요
풀어지지 않도록 단단히 조여요
나무뿌리에 걸려도 벗겨지지 않는 군화처럼
포화 속에서도 벗겨지지 않도록 하셔요.

지그 잭으로 곱게 조여요
이끼 낀 바위도 이겨내고
산들바람에 상큼한 기분이 드는
그런 가슴 벅찬 산행을 하셔요.

신발 끈을 단단히 조여요
타작 후 풍신한 나락을 가마니에 넣고
호박고구마도 서리 맞은 뒤에 제 맛 들듯이
고통 받은 뒤에 입맛을 즐겨요
온화하고 정답게 삶을 살도록 하셔요.

목청에 푸른 잎을 눕히고
나뭇가지를 밟고 걷다가
배고파 우는 산새에게 먹이 주고
기쁜 소식 싣고 오는 바람에게
다가오는 새해 연하엽서 올 때

어둠에 묻혔다가도 태양이 떠오르는 우주섭리
자연 순리대로 열애하며 사셔요.

고향 초가집

가랑눈 내리자 나는
들판으로 가서
그대로 강아지가 된다.

도적눈 내린 새벽에
골목길에 눈구멍길 내고
그대로 고추바람 된다.

소낙눈 내리자
숫눈길을 고이 밟고
그대로 아랫목의 열기가 된다.

산새가 가르쳐준 길

산 정상에 앉아서 눈 아래 풍경을 바라보니
길게 뻗은 길 따라 내 삶도 따라가네
바로 앞 나뭇가지에 걸터앉은 이름 모를 산새가
헤매는 내 길을 가르쳐 주네

전하지 못한 말

보고 싶다는 말로는 다
전할 수 없어서
내 마음을 한지에 곱게 적어
하늘을 향해 불사릅니다

그리움이 종종 찾아와
다른 어떤 것으로도 대신할 수 없기에
촛불을 밝혀드립니다

다시 만나는 게 어려울지라도
숨을 쉬고 있는 지금은
사랑하고 그리워한다고 전하고 싶어요

전에는 아주 오래 전에는
그런 말에 익숙하지 못하였기에
이제야 누런 한지에 먹물로 그려내어
그대들의 제사상에 올려드립니다

그리움

한번을 스쳐도
이 가슴에 흔적만이라도
아니, 우연인 것처럼 나타나도
소매 끝에 향기만이라도 남겨 주셔요
그런 날들이 영원토록은 아니더라도
당분간
내 눈에 머물러주셔요

II. 어머니의 못 다한 말

사랑의 비상飛翔

어스름이 강가에 내려앉고
간판들이 고개 숙여 잠을 청한다.

어제는 학우들을 내려놓으며
흔적도 없이 나뭇잎을 부여잡고
가는 길도 내려놓는다.

학과와 이름을 보고도
강의실을 헤매는 사내.

강의실에서 바라본 뒷동산에는
꽃들이 활짝 피어 있다.

노트에는
줄지어 가는 개미 글씨들,
가물가물 아슴한 가운데
구슬 사탕들이 가득하다.

사탕 하나 툭 떨어져
콘크리트 바닥을 굴러가고
또렷해진 활자들이 나비되어 날아오른다.

등잔불

책상 위에도, 찬장 위에도
어둠을 밝히고자 올려놓았다.

마루 큰방 작은방 측간에
올려놓은 등잔불
꺼져가기 전에 내 손으로
다시 되살려야 할 텐데.

불꽃 살리시는 부모님은 세상 뜨시고
누님들은 본집 찾아 떠났고
아내와 아들들은 무념무상이었다.

아직도 희망을 가슴에 품고
등잔불을 어떻게 밝히려나.

아쉬움이 재가 되어
고향집 앞마당에 조심조심 뿌려놓고
새로운 등잔불을 밝히려
다른 길을 향해 떠난다.

귀향歸鄕

조개들이 갯벌에서 자라듯
나는 들판에서 자랐다.

조개들이 흙과 파도로 길러져 왔듯
나는 장마와 가뭄의 고통을 통하여
단단하게 길러졌다.

고향의 들판은 끝없는 갯벌
끝없는 갯벌은 고향의 들판
눈을 감으면 끝없는 들판이 아른거리고
끝없는 갯벌이 펼쳐진다.

내 살던 호남평야는 아버지의 삶터
어머니 솜털이불은 뭉게구름
꿈을 이루기 위해 들판으로 간다.

드높게 뜻을 세우기 위해
들판으로 갯벌로 바다로
숲으로 강가로 밭으로 나선다.

인 연

혼자 있어도
외롭지 않으니 다행이다.

때로는
같이 가는 사람이 없다고 해서
괴로워 할 일도 아니다.

세상사
홀로 가기도 하고
더불어 가기도 하거늘
모두들
사랑하고 미워하고
시기하고 경쟁하다 보면
긴 어둠의 터널에 갇혀 시들어 간다.

때가 되면 누구나
홀로 가게 되는 것을
애닯다 하면서 같이 갈 수 없으니
홀로 가는 걸음을 부지런히 연마하여
함께하는 더 좋은 인연이 되기를…

목욕탕 남자들

욕탕에서 하얀 공기방울이 물을 품고 솟아오른다.
부글부글 끓어오르는 용천수를 바라보며
상체를 드러낸 사람들이 모여 목욕을 한다.

이백 미터 지하수를 끌어올려 만든 온천수
모질고 비루한 삶을 씻어버리겠다고
마룻바닥에 넙치가 납작 엎드려 죽은 듯
폭포처럼 쏟아지는 물줄기를 등에 업고 물속으로 날아간다.

임신한 것처럼 부른 배들을 드러내고
수증기 자욱한 안무 속에 얼굴들이 배꽃처럼 하얗게 변색된다.
더운 증기로 양 젖가슴에 젖어
한때 엄마젖을 물린 것처럼 조금은 처진 가슴 가운데에
붉은 대추 같은 좁쌀만한 열매를 매달고 있다.
유난히 아랫배가 부풀은 노인들이 푸념석인 말을 한다.
'아따, 자네 배는 만삭이구만! 늦둥이 두게 돼서 좋겠네 그려!'

사십대로 보이는 중년신사들이 검버섯 난 얼굴의
칠십 중반으로 보이는 늙은이를 물끄러미 바라본다.
주책 반 걱정 반의 표정으로 쓴웃음을 띠고 있다.
온탕과 냉탕을 오가며 현실과 이상을 넘나들고 있는
목욕탕 남자들은 잘 익은 복숭아 빛을 띠고
부자父子 사이인 것처럼 드러눕는다.

방파제防波堤

밀려오는 파도
방파제에 가로막혀
더 이상 가지 못해
부서지고 어스러져 내린다.

격한 파도에도
굴하지 않고
자리를 지키는 모습에
그저 대견할 따름이다.

방파제는 튼튼하여
아무 걱정이 없어 보이지만
찬찬히 들여다보면
외롭고 쓸쓸하여
안쓰럽기 그지없다.

우리 집에는

우리 집에는
떡을 찌는 방앗간이 있다.

찹쌀을 으깨고 쑥을 넣고
불을 지펴 익히는
방앗간이 살아 숨 쉬고 있다.

우리 집에는
벼를 기르는 들판길이 있다.
누런 나락을 싣고 오는
개울가 도랑 길에서
정미소를 향하여 땀을 흘리는
농부들의 풍년가 소리가 있다.

꽹과리 장구 징을 울리며
들판을 향하여 달려 나가는
푸른 꿈의 농악소리가 있다.

우리 집에는
떡살을 찍어내고 나누어 줄
인정이 넘치는 꿈이 있다.

할머니의 마음 1
- 흰 눈 내리는 밤에

하늘에서 내리는 눈꽃송이 목화솜 같아
비단 천에 가득 넣어
봉황을 새긴 이불을 지어 보이며
그녀를 잠재우고 싶은 밤입니다.

하늘에서 내리는 눈꽃송이 목화솜 같아
비단 천에 가득 넣어
복 복福자 새긴 저고리 지어 보이며
그녀를 안아보고 싶은 밤입니다.

하늘에서 내리는 눈꽃송이 공주님 되어
그녀 만나는 날에
부드러운 솜사탕처럼 입술 살포시 벌리며
그녀 볼에 입맞추고 싶은 밤입니다.

하늘에서 내리는 눈꽃송이 동영상 되어
방금 보내온 사진을 단숨에 열어보고
밤 깊도록 보고 또 보다가 그만
잠이 들었습니다.

내 사랑 만큼이나 함박눈이 내립니다.
목화솜처럼 부드러운 그리움이 그녀를 찾아갑니다.
하늘에서 내리는 눈꽃송이 만큼이나
내가 어린 천사를 그리워합니다.

어린 시절로 돌아갈 수 있다면

세월이 흘러가도
그리운 이를 잊을 수 없으리라
더 많은 꽃 이름을 기억해 내리라
식물도감을 밤새도록 펼쳐보리라
뛰놀던 골목길을 다시 끝까지 가보리라

고향의 작은 오솔길과
폐허가 된 교회와
잡초가 무성한 풀밭 길을 걸어가리라
이슬 먹은 야생화로 얼굴을 화장하리라

옛날보다 더 자주 웃음 짓고
그리운 이에게 '정말 보고 싶다' 고 편지 하리라
그리운 이에게
두 팔 벌려 마중 나가고
머리핀을 꽂아주고
야생화 꽃병을 드리리라

다시 어린 시절로 돌아갈 수 있다면
공기놀이 고무줄놀이로
맺지 못한 꿈을 다시 찾으리라

다시 어린 시절로 돌아갈 수 있다면
달빛에 박꽃이 하얗게 필 때
초가지붕에 올라
돛단배에 꿈을 싣고 별나라로 가리라

갈색 편지

두 줄로 달려가는 앙상한 나무를 바라보며
찬바람 이겨내고 꿋꿋이 제자리 지켜내는
가로수의 고단한 삶에 가던 걸음 멈춘다.

금년 가을 못 다한 사연 가슴에 품고
정녕 다가서자 떠나는 산새들이
무겁게 비상하며 갈색 잎을 떨어뜨린다.

누가 저 허공에 긴 사연 보냈는지
쌀쌀한 바람 막아내는 갈색 편지
끝내 해독 못하고 골짜기에 떠돈다.

두 손 모아 합장하면 깊은 사연 알아낼까
산 정상으로 달려가는 내 삶의 발자취는
듬성듬성 가슴 찍고 겨울로 향해 간다.

만 남

파도를 타고 사는
물고기를 만나려면
바람이 멈추기를 기다려라

파도를 타고 사는
갈매기를 만나려면
갯벌의 가슴이 출렁이기를 기다려라

파도를 타고 사는
바람을 만나려면
바다로 가 우선 물새가 되어라

파도를 타고 사는
별을 만나려면
빨간 우체통에 편지를 띄워라.

한가위 보름달

쇼파에 누워 보름달 바라보니
흘러가는 구름 따라 처연해지는 내 마음
그대로 머물기엔 못 내 아쉬워
주섬주섬 옷 챙겨 입고 보름달 먹어보네.

본향本鄕으로

연옥煉獄의 다리 위에 서 있다.
지난 세월이 주마간산으로 오버랩 되어
무서움이 이빨을 내리치고
오장육부五臟六腑가 순간 뒤틀린다.

칠흑漆黑 같은 어둠이 몰려와
가까스로 난간의 쇠붙이를 부여잡고
주님 하며 몸을 맡긴다.

바짝 마른 몸
더 잘게 부서지는 세월의 장면들이
게슴츠레하여 갈 길을 가로막아
믿음으로 기도하며 간신히
본향으로 걸어간다.

사랑 이야기

백련암 은행나무 아래 부부 한 쌍이 머물렀나 봅니다.

은행잎 위에는 두 개의 엉덩이 자국이 그려져 있습니다.

길고 가늘며, 굵고 짧은 손모양이 머물던 자국 주위에

가득합니다. 떨어지는 나뭇잎, 허공을 향해 자맥질하며

다정하게 지난 얘기도 나눴겠지요.

부부가 남기고 간 자국 덕분에 백련암은 역사가 되겠지요.

샛노란 은행잎에 부부사랑 익어 갑니다. 이렇게 우리의 가을도

함께 깊어만 갑니다.

어머니의 못 다한 말

가슴 넓은 여인 뒷밭에 묻혀버렸네
넓은 여인 가슴 속에 나는 숨어버렸네

뜨거운 햇볕 내리쬐는 무더운 여름날에
근심어린 얼굴로 슬픔 가득 싣고
뒷밭에 콩밭 매러갔네

콩밭 매러간 그 여인
뻐꾸기와 나비가 이끌어주었네
뒷산 푸른 소나무 가지에 나 혼자 걸터앉아
오고가는 동네 아낙네에게 그간 소식전하네

사랑의 고통

수업마감 벨이 울린다.
벨이 울리기 전부터 몸이 움직인다.
나뭇잎이 펄럭인다. 흑염소가 내려온다.
내려오는 사람이 있고 올라오는 사람이 있다.

올라오는 사람이 건물 속으로 오고
내려가는 사람이 길 위로 간다.

고통에 건물이 무너지고
부서진 파편조각이 짝을 찾는 때에도
눈의 촛점을 찾지 못해서
사랑의 눈빛은 장미의
탐스런 꽃잎에 내려앉아 그윽한 향기를 품고 초원에 갔다.

나는 타오르는 횃불을 꽉 잡고 서 있다.
어둠으로 가득 찬 꽃밭에는 붉게 뻗어 있는 넝쿨장미가
사랑의 느낌을 대신 전해 주었다.

차창에 투영된 자아自我

풍패지관豊沛之館 앞 신호등 앞에
잠시 버스가 머물었을 즈음
건너 빵집 유리창 버스 속 내 모습이 투영됐다

내 모습 안에서 빵을 고르고 정리하는 이십대 여자
머리 위엔 사진관이 있고 그 위 구름엔

방금 쏟아 부은 검은 빗줄기 흔적

빗방울이 곧은 대나무 숲처럼 내리는 저녁 무렵
빵집 유리창에도 내 모습 비쳤을 것이니

그녀가 내 얼굴에 묻고
상냥스런 모습으로 다가왔을 것이다

이렇게 나와 그 여자는 포개져 있었다

어깨 위로 사진기가 움직이고 그 위로
어두운 구름이 흘러가는 줄도 모르고

가을의 향기

강렬한 햇살이 쏟아지는 시월
스산한 가을바람이
내 몸 살 속까지 들어와
그간 못 다한 얘기로 꽃을 피운다.

온다는 말도 없이
불쑥 찾아온 짙은 갈색 나뭇잎이
하늘하늘 춤추면서 살짝
내 머리 위로 내려앉는다.

혹시나 날려갈까
가던 발걸음 멈추고
살포시 낙엽을 쥐어본다.

까칠까칠한 촉감이
그간의 어려웠던 시간들을 반영하듯
냉큼 내 가슴으로 들어와
찰싹 안겨버린다.

가을의 향기는 이제
내 몸으로 들어와 자리 잡고

한 몸으로 밀착되어
지난 세월을 그리워하며
또 다시 닥칠 시간들을 대비한다.

9월의 노래

검은 뭉게구름이
포화 속에 엉켜 붙어
높고 파란 하늘을 향한
가을로 가기엔 어설프다.

속내를 찬찬히 들여다보면
퇴색되어 가는 하늘 저 멀리
풍성한 꿈으로 가득한 가을 길목으로
계절의 소리에 귀 기울인다.

짙푸른 들녘
살금살금 변색 되어가고
황금빛 가을로
마음 설레게 한다.

봄 소풍

들뜬 마음 달래놓고 잠에서 깨어
몽롱한 채 방문 열고 하늘을 본다.

비가 오면 어떡하나 마음 조이며
설렌 가슴 구름 되어 날아다닌다.

어머니가 챙겨 주신 계란 도시락
구불구불 꾸겨진 오환지폐 받아들고
검정고무신 신고 창공으로 날아간다.

돌아올 땐 독사탕 솔잎에 감싸두고
살랑이는 솔잎바람 가방 속에 넣어
가만가만 굴려보며 속웃음 웃어본다.

등 뒤에 수건 몰래 놓고 달아나던 가시내
무지개 옷을 입고 한 달은 날아다니지요.

모악산 길

계곡을 어깨에 태워가며 산길을 오릅니다.

대원사 길은 넓고 완만하기에
당신 손잡고 함께 걸으며
우리만의 이야기로 꽃을 피웁니다.

가끔씩 마주보고 미소를 확인하며
못 다한 그간 정을 주고받습니다.

수왕사 길은 좁고 가파르기에
앞서거니 뒤서거니 홀로 걸어 숨이 찹니다.

한참을 가다보면 당신 모습 사라져
이슬 먹은 나뭇잎을 방석으로 깔아놓고
이제는 동반자 되어 함께 오르지만
마지막 길은 같이 갈 수 없음을 일깨워 줍니다.

초겨울 낙엽

산 오름길에 상수리나무 갈색 잎이 수북이 쌓여있다
스산한 나무사이로 낙엽이 흩날린다
서투른 선율이 다 그런 것처럼 찌그러진 귓가로
어렵사리 다가온다

산새 두세 마리가 잎 다 진 나뭇가지에 앉아
세찬 바람에 음표를 날려버려
불협화음의 선율로 울부짖는다

잃어버린 음표를 기억하면서
서둘러 불러보며 날아가는 남은 낙엽을
붙잡아 묶어둔 바람은
아무리 몸부림쳐도 선율은 저만치 멀어져간다

누구나 삶의 겨울은 다가오지만
정리된 음표만큼 음률은 더 깊어져서
음의 마디 위로 희망의 삶은 찾아오겠지

Ⅲ. 아름다운 선율

탱자나무

탱자나무 화난 듯 똑바로 서서 쳐다보고 있다
손과 발로 거미줄 치고 다시 새소리로 풀어내고 있다
지나가는 동냥아치도 눈을 부릅뜨면
서글프다는 모습으로
도랑 밑 푸성귀들의 야유소리에 일침을 가한다

참새 한 마리가 가시에 찔리면 참새의 눈은 벌겋게 변하였다
누렇게 물들은 이파리는 지나가는 바람을 업고 날개를 좌우로 흔들어
언덕 위 대나무 숲으로 쫓아버렸다

상처투성인 나무는 거미줄을 푸느라 피곤하여
줄기에 이름표를 달아매고
미처 오므리지 못한 이파리를 감아버린다
풀어진 이파리는 줄기 위에 달라붙어
가을이 가기 전에 단단한 가시가 형성될 것이다

혼란스럽게 엉켜 있는 도랑의 푸성귀, 비좁은 논두렁길이

한길 쪽으로 올라가 두 발을 걷기가 어렵다
슬픈 표정으로 꽃을 핀 야생화는
비난하는 사람들을 향해 용서를 구하고 있다

양해를 구하는 가시는 너그럽지 못하다
도랑이 키우는 것이 푸성귀인지
야생화가 키우는 것이 도랑인지 알 수 없지만
탐스런 탱자들이 가시덤불 속에서 고이 잠들고 있다

내장산에 가면

단풍이 터널을 짓고
기나긴 굴 따라 관통하는 기차처럼
내장산에 가면
걸음걸이마저도 발레하는 것같이
아기단풍이 춤을 춘다.

우뚝우뚝 암벽들이 병풍처럼 둘러싼 서래봉엔
아름다운 사람들이
움직이는 인형처럼 산을 오르는
내장산에 가면

단풍잎 사이로 어머니의 참빗 같은 햇살이 쏟아지고
봉우리에 초승달이 송편 만하게 걸쳐있다.
제사상에 올려 둔 음식을
조상님들이 한 조각 먹어보는 날.

내장산에 가면
붉은 나뭇잎배가 떼 지어 우화정에 떠다니며
거무죽죽한 바위머리에 빠알간 단풍 꽃이 다발로 묶
여있다.

내장산에 가면
탐스런 조홍감이 전봇대처럼 이어져
길을 잃은 나그네에게 길을 가르쳐 준다.

이방인들은 지금 만산홍엽에 취해 서서
내장산 아기단풍을 가슴에 품고 있다.

희망의 노 저으며

힘없는 위벽에 검은 살이 달라붙어
나는 나의 살을 도려낼 수밖에 없었다.

역류되는 빈 공간에 새 생명 소생토록
나는 나의 빈 터를 방황할 수밖에 없었다.

텅 빈 터일망정 힘껏 배회하고
절망도 희망도 마음껏 비벼보며
나는 나의 운율 위에 외로이 걸어 다닐 수밖에 없었다.

황량한 토지에 싹을 틔운 가냘픈 이파리에서부터
소리 없이 다가오는 세종대왕 동상에까지
불러도 대답 없는 텅 빈 들판에 울린
내 영혼까지 내 희망의 바다까지 가도록

나는 나의 생명의 촛불을 밝힐 것이다.

나는 나의 희망을 태울 것이다.

일렁이는 숨결에 연결된 내장을
누런 뱃살에 싣고 내 별을 향해 노 저을 것이다.

네 꿈을 펼쳐라

아가야, 어깨를 활짝 펴고
너의 꿈을 향해 날아라.

포기하지 말고
몸과 마음을 하나로 모아
너의 꿈을 활짝 펼쳐라.

아름다운 미소와
아름다운 마음씨로
아름다운 삶을 살아다오.

비행기 속에서

구름 위에서 내려 보면 세상이 좁아 보인다.

푸른 숲 너풀거리는 바다
구불구불한 길이 실꾸리 같다.

뭉게구름은
어지러운 세상 보지 말라고
온통 이불을 깔아 놓는다.

창 너머 대지는 평온하고
바다는 은빛 물결로 호수처럼 조용하다.

싸우고 모함하는 모습은 온데간데없고
구름 속에서 바라본 세상은 온통 먹통이다.

눈과 귀 코와 입들은 지쳐 있고
꼴좋은 인간시장은 밤하늘을 헤맨다.

개미들의 눈물

묻지 마라, 이제 대선 테마주 투자다.
신이시여! 증권시장 헤매는 어느 창백한 중생이
"이 세상 두렵지 않아, 어차피 우린
수익 잡고서 급히 빠져 나올 껴."

검은 구름 휘몰아 손쓸 틈 없이
퇴색된 남은 종이 한 움큼 쥐어들고
먹구름 뒤편에서 해맑은 눈물 몇 방울 뿌리면서
애절하게 통곡하고 있다.

아아, 비통하고 슬픈 노래여! 개미들은
서로 떠밀며 지금도 작열하는 태양 속에 갇혀 있다.

아름다운 선율

KBS의 찾아가는 음악회, 광명오케스트라는 날 저문
선운산사에 서서히 음률의 색을 칠하며 사뿐히 도솔천에
내려앉았다 거대한 어둠을 뚫고 그윽한 환희의 세상으로 함께
걸어 들어가고 있었다.

너와 나를 바래다 준 이곳은 끊임없이 펼쳐진 꽃무릇과 동백꽃이
만발한 유토피아, 우리는 먹구름 같은 어둠을 등에 업고 한 발짝도
빠져나올 수 없는 새들의 군무 속에 그만 묻혀 버렸다.

해인사 전원 교향곡

여름날 자연스런 자연이 그리워
해인사에 갔더니
바람 끝에 하늘거리는 청록의 물결이
드러누워 바위틈 사이로 숨어버린다.

맑은 목탁소리 나뭇잎에 싣고
졸졸졸 흐르는 물결 따라
다리 밑으로 내려놓는다.

숲속에서 들려오는 청량한 새소리 물소리 바람소리
짝을 찾는 매미소리와 합주하며
넓은 들판으로 미끄러져 간다.

때마침 농악대와 어울려 교향곡을 연주하는 사이
풀숲에서 선잠자고 깨어난 고추잠자리가
푸른 하늘에 오선지를 그리고 그 위에
음표를 찍는다.

뒤바람이 함께 하리라

뒤안 둥그런 문살 고리에
작은 바람이 덜거덩 소리로 윙크하네

뒤안 둥그런 문살 고리에
숨죽인 설레임이 있어
귀를 가까이 대어보라

뒤바람에 덜거덩 소리가 들리는가
나는 모르는 척 이 기쁨을 맛보며
나 자신의 행복에 만취되어간다

귀 가까이 대어보라
뒤바람에 덜거덩 소리가 들리는가
어둠을 뚫고
가냘픈 소리가 들려온다

그것은 거친 숨소리 주위에 맴도는 붉은 등잔불
가까이 오지 못해 꺼질듯 말듯 문고리에 걸려있다
싸이의 관중처럼 몰려주는 별들은
작은 문이 열리기만을 바라보고 있다

그 순간
문지방 사이를 뚫고 들어온 뒤바람은
설레는 내 가슴 주위를 감쌌다

이 문살 너머 누군가는
그녀와 나를 향해 응시하고 있다

아, 온몸으로 붉게 장식한 그녀가
버들피리 불고 화사하게 웃으면서
나의 양팔에 안겨들라

그녀의 웃음 짓는 얼굴
뜨거운 가슴으로 가득한 이마에
설렘으로 떨리는 입술을 묻어
뒤바람이 함께 하리라

몽상夢想

아슴아슴한 산과 들
꼬불꼬불한 시냇물
다시 길을 걸으면 숲에 다다른다.

홀연히
바람을 쐬고 싶을 때
가벼운 마음으로 길을 나서자.

저 숲이 있는 길을 찾아서…

가을의 외침

찌르르 찌르 찌르르
맑고 선명한 그 소리
깊어가는 가을의 합창

붉은 대추 떨어져
오싹해지는 그 음색
차가운 밤기운의 울부짖음

까악! 까악! 그 울림
조홍감 쪼아대는 산까치가
다가오는 겨울을 재촉하는 괴성

그런 그 설렘의 떨림소리는
그리웠던 한 해를 마감하는
표현이기 때문일까!
아니면 감추어진
슬픔이기 때문일까!

이 많은 상념에도
슬픔은 슬픔대로
아름다움은 아름다움대로
수많은 가을의 외침일 수 있으리.

느티나무

그 동리 길목에는 큰 정자나무 한 그루가 있었지 이슬만 내려도 무성하게 잎이 부풀었고 그 옆 냇가의 푸성귀들은 흐르는 물에 곧게 서지도 못했지

삶은 늘 혼란스럽고 시비선악이 엇갈리기도 하며 희로애락이 뒤엉키기도 한 할아버지는, 늘 저거다 싶어서 달려갔지만 막상 가보면 외딴섬이거나 벼랑 끝이지

진리나 구원 같은 것은 지평선 어딘가에 있을 거라고 달려가면 물론 함정이지 부다와 예수 혹은 공자의 공통의 메시지가 '자신의 구원은 오직 너 자신뿐이다' 라고 말하지

오장육부에 물을 펌프질하고 죽음을 불사르는 전투적 의지를 맡기며 신장과 뇌로 이어지는 생리적 루트를 깔아놓지 검게 탄 돌멩이는 물의 정기를 받아 모래밭에 발을 내딛고 탄소를 벗겨내며 모처럼 하얀 속살을 드러내고 있지

자연의 순환과 변주에 순응한 느티나무, 시냇물과

모래 위의 돌멩이 푸성귀를 품에 안고 지평선 넘어 아주 특별한 사람을 만나기 위해 한없이 달려가고 있지

꼴찌들의 헌신

그대들을 향한 기대가 낮을수록
기대보다 더 낮은 돌멩이가 되어
그래도 기대해 보겠기에 낮은 자리 쪽으로
바위 되어 터를 잡는다.

속절없이 놀아나는 꽃사슴들은
돌멩이를 지리 밟고 즐겁게 춤을 추며
안개 자욱한 금바위를 하늘 삼아 노닐다가
낙화암 백마강에 우수수 떨어질 때
묵묵히 떠받쳐온 돌멩이는
가엾은 사슴들을 말없이 거둬들인다.

홍 도

서해바다 한가운데 외로이 떠있는
매혹적인 섬 홍도를 찾아가는 길에
아침 햇살 금빛 파도를 등 뒤에 업고
출렁거리는 뱃전에 몸을 기댄다.

거친 풍랑도 마다하지 않고
수수만년 살면서
기암괴석마다 옛 얘기 싣고
푸른 바다 바라보며
한없이 소곤거린다.

솟구친 바위마다
삶의 테두리 꽁꽁 묶어놓고
장구한 세월 성난 파도에
그만 지쳐 누워있다.

수평선 넘어 저녁노을은
온 섬을 붉게 칠하여
그만 홍도로 변하였다.

밤재 소녀들

장미처럼 백합같이
화려하고 우아하지 않아도
세찬 바람 쏟아지는 빗줄기와
손잡고 걸으면서
풀꽃향기 벗 삼아
해와 달을 냉큼 따다
목거리 걸어준 아기 토끼풀

단풍잎이 손짓하는 시월
옛 추억 더욱 그리워지는 미소
흐트러진 머리카락 곱창으로 내려 잡고
산골짜기 아기 다람쥐 즐겁게 노래하며
하늘하늘 춤을 추던 밤재 소녀들
세월 가도 해맑은 자태
들국화에 꼬옥 담아
"우리가 같이했던 그 시간들, 참 고맙습니다."라고
새긴 편지를
백련산 골짜기에 띄워 보내련다.

한숨소리

내장內臟에서 도려낸 갈색 단풍잎
벼랑 끝에서 떨어져 내린다.

이리저리 갈 길 모르고 흔들거리며
카오스의 비행선에 겨우 갈아타고
무작정 은하수 길로 향한다.

애원하는 것이라고는
다시는 못 올 세상을 향하여
도려낸 자리를 돌려놓아 달라는 헛된 기원
하지만 도려낸 상처에 남긴 건
다만 떠날 줄 모르고 어기적대는 아픔
한숨소리 메아리 되어 돌아온다.

뽕나무

텃밭 경계면 위쪽엔 언제 무너질지 모르는 뽕나무 몇 그루가 있었지. 바람만 불어도 감꽃은 주르르 떨어지고 아래 장독대는 예쁘게 화장하며 그 옆 남새밭의 가지 열매는 가끔 팔자 걷는 여인들의 샛거리가 되기도 했지. 손 맵시 뛰어난 어머니는 방향을 잃고 천방지축 가지 친 잎사귀를 간간히 솎아주며 험담하는 얘기소리 들었지.

서쪽방향으로만 불어오는 바람, 뒤안 작은 공간에는 헐뜯는 여인들의 말들로 가득했지. 가슴 넓으신 어머니는 바람 불어 올라가는 참연(방패연)처럼 이웃 마을로 날려갔지. 긴 꼬리 가오리연은 반대편 길목 중간에서 은근히 때를 기다렸지. 올렸다 내렸다 실타래로 소리 없이 다가와 가던 길을 비비고 엎어치우기도 했지.

무너질 듯 간신히 뿌리로 버틴 나무는 강한 햇살을 받아 짙푸르게 채색하고 거미줄 모양 뿌리를 얼싸안고 지금도 돌아오지 않는 연을 기다리며 방황하고 있지. 가족이 버린 서글픈 나무. 연약한 가지를 품고 힘없이 버틴 고목 가끔 꿈속에서 나타나 붉은 뿌리를 내민 채 손에서 발끝으로 끊임없이 흔들리고 있지.

자갈밭길

없어야 할 길인데
자갈밭에 자갈밭 길이 남아 있는 것은
아직은, 인연이 남아있다는 의미이다.

거친 자갈이 이토록 버텨 오도록
안개가 촉촉이 내려앉고 바람이 솔솔 불어
쪼개져 가는 자갈이 숨을 트이게 적셔 주었다.

깨어져 모래가 되지 못하고
자갈밭에 자갈밭 길이 남아 있는 것은
그 위를 밟고 지나간 사람들의
삶이, 그만큼
걷기 힘들었다는 표시다.

자갈밭길이 힘들어서,
사람들이 다른 길을 찾아 나서지는 않는다.
발이 아프고 다리가 휘청거려도
쭉 뻗은 곧은길은 양편으로 갈라지지 않고
오르지 한 길을 향해 간다.

자갈밭 길은 항상 그래왔던 것처럼

절망 속에 희망이 숨어있어
모질고 끈질기게 도전하고
넘어졌다 다시 일어난다.

자갈밭에 자갈밭 길이 남아 있는 것은
길고 먼 훗날 어드메쯤에서
이룰 수 있으리라는 희망을 간직한 채
버리지 못하고 있다는 의미다.

이토록 힘들고 눈물겨운 일일지라도
포기하지 않고 밟고 지나는 것은
그만큼 절박했다는 의미며
평탄한 길보다 앞서 준비되고 있다는 의미다.
두려움이 앞서 가지 못한 내 마음이
어느새 바위가 되어
자갈밭 길에 커다란 자국이 된다.

시를 쓴다

할 일 없어 빈둥거리다가 세월이 아쉬워 시를 쓴다.
만날 사람 없고 부르는 사람 없어 그냥 무심코 시를 쓴다.
꽃피고 낙엽지는 햇수가 되풀이 되어온 것을 생각해서 시를 쓴다.
언제 삶이 끝날지 모르니까 목숨 걸고 시를 쓴다.
삶을 내려놓고 여한 없다 생각하면서도
새 터전 살 생각에 꿈이 부풀어 시를 쓴다.
이제 시를 쓰지 않으면 못 견디어 내가 가엾어서 어쩔 수 없이 시를 쓴다.

기상통보

태풍이 한반도를 지나갈 것이라는 소식에
공원의 나뭇잎이 벌벌 떨고 있었다.

태풍이 오면 농부들의 발걸음이
구름보다 빨리 하우스 가장자리로 달려갔었다.
아직 덜 익은 포도를 바라보며
하느님이 주신 바람과 비에 의지하고
희망의 기도를 드리고 있었다.

기상정보 속으로 들어간 소식에
어둠속으로 사라져가는 많은 열매가
하느님을 원망하며 대지에 입맞추었다.

그대는 푸른 포도의 몸
흔들리는 열매의 향기가 달려와
비바람이 내리치는 매질을 달게 받았다.

태풍이 초 매가톤급이라는 건 좀 심하였다
세 여인의 수다 속에 낀 과장된 말 같은 거였다
닥쳐올 일을 걱정하는 마음은 아쉽지만
그건 너무 침소봉대한 정보였다
부러진 대나무를 준비해도 좋았을 텐데.

눈사람

유난히 눈이 많이 내리던 날
나는 마당 한가운데 서 있었다.

그 곳에 머문 동안 계속 눈이 내려
온통 하얀 세상이 되었다.

지난 가을철 황금 들판이
순백의 눈 속에서 적막했다.

누군가 무료했던 것인가?
뜰 앞 들판에 커다란 눈사람을 만들어 놓았다.

햇빛이 나면 곧 녹아버리고 만다는 것을
체험을 통해 알면서도
모자를 씌우고 장갑도 끼워
눈사람을 싱긋 웃게 만들었다.

삐뚤빼뚤한 글씨로
소원을 비는 메모 한 장도 붙여 있었다.

행여 산타클로스가 빠뜨리고

그냥 지나가 버릴까
간곡한 초청까지 덧붙였다.

나는 산타의 존재를 의심할 나이인 데도
희미한 소원을 간직한 채
메모 한 장 붙여 놓았다.

그러나 우리는 실용에 익숙하면서
셈 너머의 셈을 놓치고 있었다.

낙엽의 길손

떨어지는 낙엽 속에 수많은 나무들이 숨어있다
어떤 나무들이 바람을 피해 호수가로 달려가겠는가
나무들의 이불은 낙엽이다
갈라진 낙엽을 기우고 다리고 펼치고서야
조금씩 안정되는 나뭇가지
나는 매일 흔들리는 나뭇가지를 바라본다
쌓여있는 나뭇잎을 헤쳐 상수리 열매를 줍고
붙어있는 흙먼지 탈탈 털어낸다
사각사각, 차가운 대지를 덮는 부드러운 솜이불
오늘 나는 내 안의 낙엽이 이불로 변하는 원리를
깨달았다
과거의 내가 오늘로 내일로 변해가는
희망의 호수로 다가간다
그 시간이 주어지는 만큼만 물을 적시어
오늘 추위를 극복하는 낙엽을

IV. 꿈을 밟고 가는 길

뉴욕의 영혼들

멀리서 뉴욕이 보인다. 거대한 황소가 다가온다. 브루클린 다리를 건너 도심 가까이 가면 갈수록 어둠이 엄습하여 음매 소리를 들을 수 없어 엠파이어스테이트 빌딩 층수를 세는데 왜 까마귀는 튀어나오는 것일까. 비둘기도 아니고 양도 아니어서 층수를 세다 말고 자유여신상을 생각한다. 그 여인은 밤에도 잠을 이루지 못하고 서서 영문도 모르고 흔적 없이 사라진 세계무역센터 사람들의 이름을 중얼거린다. 너무 많아서 잠을 잘 수 없는 것일까. 까마귀는 보이지 않은데 까악까악 슬피 울면서 새벽은 밝아온다. 어쩌면 까마귀 우는 소리가 아니라 비통한 혼의 소리일지도 몰라 센트럴파크 백마를 바라본다. 왜 뉴요커들은 옐로우 캡을 마다하고 덜컹거리는 마차에 영혼을 싣고 마구간 안으로 분주히 사라질까. 잃어버린 맨하탄을 못 잊어 이 골목 저 골목 어느 골목인지 알 수 없는 곳에서 유령들이 몰려온다. 황소처럼 몰려온다. 젊은 여인 노부부 독일인 중국인이 브로드웨이42번가 타임스퀘어 어둡고 침침한 지하철 공원으로 마구 몰려온다. 링컨센터 오페라하우스에서는 오페라유령의 굿판을 벌여 슬피 울부짖는 유령을 달래주고 겨우 여유를 찾아 숨을 돌려 허드슨 강물 속으로 자러간다 뉴욕의 영혼들이.

주의 말씀

산 너머 교회 종소리가 들린다.
초저녁별이 반짝이고
사람들이 초승달 속으로 걸어간다.
소나무 사이로 가느다란 바람이 스쳐 지나간다.
숲속으로 오는 사람이 있고 나가는 사람이 있다.

오는 사람이 주를 향하여 오고
가는 사람이 주의 품에서 나간다.
애통하는 마음속에 하늘이 열리고
열린 하늘에 기도의 숨결이 다가가
답답한 가슴에 주의 은총을 밀어 넣지 못해서
하늘에 매달린 종을 붙잡고
소리 없이 서있는 소나무 숲으로 향해갔다.

나는 울려 퍼지는 종 아래에 혼자 섰다.
길가에는 코스모스가 활짝 피어서
주의 말씀을 설교하고 있었다.

초대받은 삶으로

내 마음 속은 슬픔으로 넘쳐
앞 개울물로 흘러가고 있다

팔각정 아래 돔형으로 세워진 교회
성도들의 반김에 초대받은 나는
하늘만큼 땅만큼 기쁘다

담임목사는 힘차게 하늘로 사다리를 놓는다
쓰러지지 않을 만큼 기울이고 넘어지지 않을 만큼
손에 힘을 준다
영혼을 파고 도는 힘찬 설교

성가대원은 허공에 음표를 날리고
각자 음색을 하나씩 펼친다

한마디 부를 때마다 은혜와 감사의 뜻을 품고
널리 퍼지는 종소리
슬픔이 종소리에 들어가 흔적도 없이 사라진다

코끝에 슬픔이 매달려있다
얼마나 오래 머물렀기에 이렇게

콩 알 만하게 매달려 톡톡,
굳은 바닥에 흔건히 적시고

초대받은 원탁의 가장자리에 둘러앉아
새 신자 머리에 말씀을 넣어준다
옛것 토해내고 새것 불어 넣는다
새 삶 터전 시작한 것처럼 나는 기뻤다.

삶의 촉각

노을이 붉게 물든다
별들이 뛰어나오고 사람들에게 묻는다
왔던 길이 어디고
가야 할 길이 어디냐고

달은 내게로 다가와
가야 할 여정을 숨기고
말없이 떠나버렸다

고통에 하늘이 무너졌다
흩어진 별들이 모이고
홀로된 달이 쉬어갈 때에도
온몸에 심장이 뛰지 못해서
맑은 물은 소나기에 혼합되어
넓은 바다로 흘러갔다

나는 혼탁한 강물을 혼자서 바라봤다
강 언저리에는 작은 물고기들이 뛰어오르며
삶의 촉각을 전해주었다

고성高聲

광기어린 술고래 소리가 집안 곳곳을 못질한다
초가집 처마 밑에 걸어놓은 메주덩어리와 옥수수가 흔들리고
놀란 제비들이 지지배배 외쳐댄다

지난 일은 어머니의 소매 자락을 스치고 지나갔다
번개처럼 나타난 곡괭이를 냉큼 잡고
온돌방 구들장을 툭툭 떨어낸다

부엌문의 열쇠고리 꼭꼭 잠그고
마루에 앉아 바라보는 누님의 하늘에는
어머니가 기워주신 노란 저고리가 떠 있다

찬장 속에는 그릇이 가득 차있고
밤새 입었다 벗었다 다시 입어보는 그녀의 방은
제비 같은 연약한 여자들만 밤을 지세운다

툭! 툭! 하고 장독대에 떨어지는 단감소리에
며칠 동안 찌든 소리는 사라져갔다

애달픈 삶

담장 안에 뿌리를 뻗고 서있는 뽕나무 주위엔 사람이 많다
난 뽕나무 위에 걸터앉아 세상을 내려다본다

난 손이 긴 원숭이, 검붉은 오디가 허기진 속을
달래준다 하늘을 나는 왜가리를 끌어당기는 부드러운 바람이
내 몸을 훑고 들판으로 달려 나간다

노을이 내려오기 시작한 대지, 담장 위 호박꽃 속의 꿀벌이
윙윙거리고 있다

내 푸른 이파리에 검붉은 친구들이 모여든다 풍선처럼 파란
원을 그리면서 담장 위를 휘감은 호박들, 오늘 저녁엔 또 무엇을
주려는지 애타게 꽃잎의 색깔을 그려낼까

얼마 전 이 뽕나무에 사람들이 매달렸다 담장 위로 올라온

아이가 시퍼런 오디를 삼키는 모습이 보였다
산전수전 다 견뎌온 뽕나무는 강한 햇빛을 받아 서서히
채색을 하였다

시퍼런 오디에선 설익은 냄새도 난다 그 냄새가 아이의 배꼽에
통증을 안겨주고 잎사귀에 눌러앉았다

담장 위 호박덩굴, 그 곳에 내려온 노을에 취한 난
뽕나무에 걸터앉아 하늘아래 벌어지는
애달픈 삶을 빨아보았다

대화對話

강의실 바닥에 버려진 휴지를 줍는다. 흩어진 무형태의 자유로움,
휴지통에 넣었다. 찌그러진 양철통 모양으로 그들의 얼굴이
변하였다.

강의는 끝나고 연구실로 향하였다. 한 발짝 한 발짝 걸어 나갈 때
대화하기 위해, 난간 손잡이를 붙잡고 한참 동안 서 기다렸다.
강의실 문이 앞으로만 열리는 건 정말 지겨운 일, 강의가 계속
된다면.

창문은 모두 굳게 닫혀 있었다. 계속 열려지지 않을 태세로,
의자 아래는 볼 수 없는 타국의 땅이라고 그들은 굳건히
인식하고 있나 보다. 나는 꼿꼿하게 서 있다. 칠판은 어질어질한 대지.

책걸상을 줄 맞춰 놓았다. 잠시 동안 흘러내린 그들의 슬픔이
바닥에 떨어지고 있을 때, 그들의 얼굴은 찌그러져 보이고, 모든 강의실의
앞문이 닫혀져 있었다.

가시 속의 참새

탱자나무 가시에 참새는 목청껏 운다
울다가 지치면 서로 보듬고 운다

몸이 아픈 마음은 너만이 아니다
울고 싶어도 울지 못하는 내 마음은
참새 되지 못한 마음에 아쉽다

속절없는 참새는
하소연 못하는 내 마음 알고도
매정하게 정을 떼고 날아만 간다

푸른 모습으로

성자처럼 서 있는 저 소나무
세파와 시간의 흐름을 차곡차곡 몸 안에 쌓아두어
거북 등처럼 투박한 세포들이 쌓은 껍질들
근심을 뛰어넘어
한 많은 세상과 자연이 조화롭게 이룬 존재.

어느새
그런 모습의 아버지는 떠나가고
그런 소나무가 되었다.

나도
모진 풍상을 이겨내고
꿋꿋이 서서 흔들리지 않는 아버지 같은
오래된 늘 푸른 소나무가 되고 싶다.

채우지 못한 캠퍼스

겁먹은 구름이 엎드려 내려온다
평화롭던 나무들이 바짝 긴장하고
참새들이 마른가지에 소리를 전달할 때
검은 그림자를 붉게 바꾸어주는
캠퍼스에 채색이 물드는 저녁이었다
저녁노을 붉은 나뭇가지를 등잔불로 착각했을까
서로 눈빛을 마주보는 탐스런 토끼들
오늘 그대를 맞이할 외투를 어깨에 걸치고
고함치는 새들의 슬픈 소리를 듣는다
나무들은 그때야 알아차린 듯 붉은 가지 줄기를
등불에 넣고, 자기 가슴으로 저녁놀을 넣어
만난 우리들의 해후邂逅를 맞이하는 시간일까
얼굴을 푸른 대숲에 깊숙이 들어간 노을
나는 그런 모습을 바라보며 겁먹은 마음을 거둬들여
마루 위 하얀 종이에 채색해 놓았다
눈썹 같은 서편의 달은 손톱처럼 조금씩 자라고
맞이할 시간이 되면 그것을 잘라 먹었다
부스러진 달을 모아 놓고 있는 마루엔
지난 세월의 흔적들이
하나 둘, 그려지고
그 옛날 비밀스런 얘기들 물고 날아가는 참새들이

마른가지 속에서 축구공을 그릴 듯 말 듯
캠퍼스 위에 그려진 작은 떠돌이 점 하나
그 하얀 종이 하나 채우지 못하는 저녁이
처마 밑 마루에 펼쳐있다

궤도를 벗어난 자

나는 하루 종일 왔다갔다 돌아다닌다 나의 그림자를 몰고 뱅뱅 돌아다닐 뿐이다 도서관의 장서보다 넓은 인터넷 세계 속을 누비고 정보의 바다 속에 묻혀 이탈하지 못하므로 가는 길만 가고 찾는 곳만 찾아 갈 뿐이다 집도 길도 밥도 마음도 지쳐 힘없이 빈 몸으로 돌아와 일상적인 궤도를 이탈한 별똥, 주어진 궤도를 벗어나 다시 궤도에 들어가지 못할지라도 어두운 밤하늘에 새로운 획을 그을 수 있는, 자유로운 자 그래서 벗어난 자가 별안간 행복하다는 것을

꿈을 밟고 가는 길

이른 새벽부터 울어대는 수탉소리
구멍 난 문밖은 하얀 세상
간밤에 달과 함께 머물던 쪽방
반짝반짝 빛나는 노인의 발자국 위로
함께 한 여인의 조각 꿈을 밟으면서 간다.

뽕 잎

뽕잎을 따는 여인이 있었네
따다가 주저앉아 잠시 하늘을 보고
따다가 쉬면서 땅을 바라보네
잠시 후 한 남자가 뽕잎을 받아들었네
잰걸음으로 걸어서 어느 새 보이지 않고
그가 떠난 뒤 빈 바구니만 허전하게 남아있네

겨울은

겨울은
입을 다물고
흐린 그림자는 말을 삼키며
삼라만상은 죽은 듯 마비되어 있다.

모든 물체들마다 자기만의 언어로 생각하고
반성하여 수행하는 것은, 그리운 봄에
수많은 언어들을 토해내기 위해서다.

나는 그저 바람 불고
눈발 날리는 광경을 바라 볼뿐이다.

가을 눈물

맑은 계곡물 위에 떠 있는 붉은 단풍잎 가을 알리고
쌓여 뒹구는 낙엽소리 떠나는 가을 알립니다.
호젓한 산사 거목을 등지고 서 있습니다.
산사 가는 오솔길 게슴츠레하게 나 있고
소리 없이 내리는 가랑비에 찬 기운 내려앉습니다.
자작나무 잎 서둘러 물들기 시작할 때
불쑥 내민 여자가 낙엽에 드러누워 가을 눈물 흘
립니다.

섣달그믐에

꽹과리 울리면서 풍물놀이 시작된다 고깔모자 쓰고 호롱불 손에 들고 이 골목 저 골목 이집 저집 돌아가며 신명나게 놀고서 앞마당 잔칫상에 둘러앉아 농주를 마신다 답답하고 고달픈 삶을 내려놓고 장고소리에 팔죽을 신고서 떠돌고 있는 악한 귀신을 쫓아낸다 얼굴 가린 두 손 사이로 바라본 처녀들 웃음소리 죽여 가며 낄낄댈 때 호롱불 다가오면 치마 둘러싸고 숨어버린다 어떤 처녀는 품바처럼 해해대지만 그 까짓 촌구석에 틀어박혀 몸부림친들 어찌하랴 읍내도 못 나오는 짚 무더기 눈 맞은 사내 녀석에 몸을 넘겨주고 점점 신나게 징을 치며 부른 배를 내밀고 품바 춤이나 출 것인가…

기억되는 말들

여기 겨우 기억되는 말들이 있다
매일 되뇌어 보지만 간신히 떠오르는 말
월화수목금토일 앞 자를 먹이삼아 끄집어 낸 단어
발설하고 싶지만 그냥 포기하는 말들의 모임
음담패설 머리말과 같은 거룩한 음성
꿈에서나 간직하고 싶은 몽환夢幻적인 비밀의 궂은 얘기
고백하고 멀리 달아나고 싶은 별리別離의 문장
아슬아슬하게 관계지우며 버텨주는 벼랑 끝의 음절
이것들이 이렇게 겨우 떠오를 때까지, 내 삶은 뭘 했을까
조락凋落의 이파리 바라보는 눈과
봉긋하게 올라온 봉우리들의 아우성
몸을 이리저리 흔드는 억새 물결에
돛단배 띄워 먼 나라 갔을지 모른다.
가까스로 기억하기 위한 두뇌의 몸부림으로,
사위어 간 낙엽을 조심스럽게 밟는 한숨소리
닫힌 가슴, 그 곳은 너무 어두워
난 겨우 촛불 하나를 밝힐 뿐이다
아, 겨우 떠오르는 가냘픈 음성,
들을 수 없는 피아노 건반의 손놀림

툭툭 해머를 내려칠 수만 있다면!
돌아올 삶의 축복이 될 텐데…

'약속' 보다 '즉시' 라는 말

'약속' 이라는 말보다 '즉시' 라는 말을
나는 참 즐겨 쓴다.
약속하는 어느 순간
평온한 대지에서 가시밭으로 걸어가는
불안한 삶의 여로 같은 것.
사람들은 지키지 못할 약속
너무 쉽게 말해 변명이 뒤따른다.
잊을까 안절부절 못하는 사이에
느닷없이 전화해서
피치 못할 사정 얘기 늘어놓는다.
'아! 그래' 하고 너그럽게 말하지만
머리털이 쭈뼛하고 피가 역류되어
이내 슬픔으로 승화된 구름이
궂은비로 내려온다.

나의 꿈

나뭇가지에 백설이 걸쳐있다
그대 반짝이는 가로수 길이
환하게 비춰주는 월광처럼
나무들은 줄지어 행인이 되고
그대들이 머물던 오솔길에서
굴러가는 낙엽들의 외침에
영롱한 눈雪빛이
무지개를 껴안고
나의 꿈을 적신다

우물가에서

동네 공동 우물 속을 바라본다
파란 우물물속에 하늘이 열려있고
고추잠자리가 날아가고 뭉게구름이 흘러가며
내 얼굴이 찌그러져 파란하늘을 깨뜨린다
조그마한 우물은 하늘처럼 넓어진다
나는 찰랑거리는 우물물을 바라보며
서글픈 표정을 잠재우려 두레박에 물을 긷고
드넓은 하늘을 날아가고 있었다

하 루

고속도로 양옆 강산을 무심히 처다 보았네
옆자리 사람과 아무 말 하지 않았네
지나가는 차들을 세어볼 수 없었네
손녀 장난감을 전해주지 못했네
남은 삶이 있다는 생각을 잊어 버렸네
추적추적 내리는 가을비는 나를 서글프게 했네

여름밤 풍경

별이 총총 쏟아지는 여름밤 미리내 숲을 통과한 붉은 별똥이 머리 위에 내려 앉는다. 검은 머리 이슬 맞아 하얗게 물들인다. 아직 구들장 아랫목에 배 깔고 누워 있기 싫은 여자는 하나 둘 별 헤며 강냉이 알을 세면서 느릿느릿 먹는다. 초가지붕 둥근 박에 보름달이 들어간다. 언제나 청춘은 하얀 곡선의 담장으로 둘러싸인 감옥으로 뛰어 들어간다.

그대 곁에 갈 수 있게

패딩 점퍼를 입은 채 웅크리고 누운 침대가 떠오른 밤이었다. 얼마 전 들여놓은 오리털이불이 밤새 내 체온을 지켜준다. 어딘가 죽어 있을 오리의 깃털이 사각댄다. 손끝의 감촉에 잠시 몸서리치다 잠이 든다. 그날 밤 오리털이불이 부풀어 오르며 날 싣고 날아다닌다. 침대는 나를 싣고 태양풍을 받아 하얀 날개를 펴고 푸른 밤하늘 위로 날아오른다. 그 날 이후로 난 몇 번이고 태양풍을 받아 날아오르는 꿈을 꿨다.

설날 어머니

우리의 설날은 어머니의 몸에서 온다
섣달그믐 호롱불 밝혀두고
밤새도록 지켜보며
오롯이 비춰주는 불빛을 시루떡으로 빚으시는

호롱불 밑에서
나는 썰매 타는 왕자가 되어 강을 건넜다
뜨끈뜨끈한 아랫목에 누워
가오리연에 꿈을 매달고
서풍 따라 해 뜨는 동해바다로 날아갔다

닭들도 오늘따라 눈을 뜬
소리 없는 세상
새벽을 이고 오신 어머니 저고리에
누님이 수놓은 별들이 길을 묻는다

섣달 그믐날 어머니의 치마폭에
별은 떡살로 내려와 누워있고
달 토끼들은 쌀가루를 찧고 있었다

밤새 가마솥에 빚어놓은 시루떡

설날 아침 들판 위로
올라가는 가오리연에 매달려
어머니의 몸으로
하얀 떡가루를 뿌려 주셨다

시기심의 노예

친구를 향하여, 만인을 향하여
열망의 숨결로 뛰어오르던
졸부들의 빛나는 손목시계여!

만남의 얼굴
이글어진 가슴에
줄기차게 바라보던 눈빛이
산만하게 내린 구두, 자동차여!

와인색 의복을 만지며
양복 단추 채우다 다시 풀고
넥타이핀으로 눈길을 돌리는
상대의 몸짓과 희미한 눈동자
몰려오는 승용차의 진격이여!

사방천지가 시기심 마케팅
광고 영화 드라마 잡지의 언저리에
원색 사진들이 노을에 물든다.

鄕土情緒와 詩의 希望空間

黃 松 文
詩人 • 선문대 명예교수

"우리는 길을 잃고 나서야 비로소 우리 자신을 발견하게 되며, 우리의 위치와 우리의 무한한 범위의 관계를 인식하게 된다."고 D. H. 소로는 말했다.

인간은 신의 창조성을 이어받은 소우주인 동시에 언제까지나 존속할 수 없고 시간과 공간의 제한을 받을 수밖에 없는 피조물이기 때문에 그러한 해석이 가능하다. 인간은 나면서부터 주어진 한계상황 안에서 이러한 존재와 인식의 터 위에서 사고할 수밖에 없는 숙명적인 존재라는 점에서 더욱 그렇다. 모든 인간은 길을 찾아 나서기 마련이고 부지기수로 헤매기도 한다. 그리하여 많은 시행착오 끝에 마땅히 가야할 길로 접어들기도 한다.

이영일 시인의 시를 살펴보면 '길' 이라는 말과 '어머니' '소나무' '대나무' '꿈' '언덕' 등의 낱말들이 빈

번하게 나온다. 그리고 그 '길'에도 '꿈길' '도랑 길' '솔밭 길' '제 길' '내 길' 등 다양한 '길'이 취사선택되고 있다.

이영일 시인이 추구하는 길이란 어떤 길인가. 우선 그의 시작품을 살펴보면서 확인하고자 한다.

나의 어린 시절은 아버지와 함께 푸른 들판이 드넓게 보이는 도랑 길을 뚜벅뚜벅 걸어가는 꿈길에서 시작되었다. 내 희망도 그 길 위에서 종이배처럼 접었다가 풀어버리곤 했다. 나는 파란 하늘빛이 내려앉아 이슬을 머금고 도랑 길을 따라 내려갔다가도 노을에 붉게 물든 작업복을 동여매고 돌아오곤 했다. 그 도랑 길을 봄 여름 가을 겨울이 나와 동행하며 여러 번 걸어갔다. 뜸부기도 지습매고 개구락지도 제길 찾아간 이후에는 메뚜기와 나는 벼 사이를 숨바꼭질하며 저녁놀을 맞아하였다. 그런 날 밤에는 어김없이 아파 누웠다. 어머니는 앞마당 탱자나무 사이로 언제 돌아올지 모르는 아버지, 돌아오지 못한 누님들을 기다리며 금방이라도 올 것 같아 멍하니 기다렸다. 그러면 어느새 저녁노을이 숨어 어둠이 초가집 처마 끝에 내려와 어머니와 내 가슴의 멍을 감싸주었다.

-「도랑 길」 전문 -

이 시에서는 '길'이 무려 다섯 차례나 나온다. 제목까지 포함하면 6회나 된다. 그 길은 '꿈길'과 '도랑 길'이 주조를 이루고 있다. 왜 '꿈길'이요 '도랑 길'인가. '꿈길'과 '도랑 길'이 이 시인의 심저心底에 확고히 자리하고 있기 때문이다. 여기에서 '꿈길'은 희망을 달성하고자하는 希望空間을 의미한다. 그리고 '도랑 길'은 향토정서로서의 희망공간을 의미한다.

김기린 시인의 「길」이 연상되는 「도랑 길」은 향토정서를 바탕에 깐 채 희망과 동경을 직조해 내고 있다. 孔子는 '세 가지 길에 의하여 우리들은 성지에 도달할 수 있다.'고 피력하면서 그 첫째는 思索에 의해서라 했고, 둘째는 모방에 의해서, 그리고 셋째는 경험에 이해서라 했다. 첫째의 사색은 높은 길이요, 둘째의 모방은 쉬운 길이며, 셋째의 경험은 고통스러운 길이라고 했다.

이영일 시인이 앞으로 더욱 훌륭한 시를 쓰기 위해서는 보다 높고 넓고 깊은 사색과 함께 경험의 보석으로 일컬어지는 언어의 깊이갈이를 시도해야 하리라 여겨진다. 모방은 창조의 지름길이라는 말이 있지만, 경험의 보석을 조탁하는 과정에서 다져지고 내공으로 축적된 양질의 토양에서 우수작 생산이 가능하기 때문이다.

'길'에 관한 시적 내용은 이영일 시인의 시 「현대인」과 「산새가 가르쳐준 길」에도 보인다.

위쪽 아래쪽
여기저기 살펴본다.
칠흑의 어둠뿐
도저히 길이라고는 찾아볼 수 없다.

무수히 많은 길이 있는 데도
길을 찾아 헤맨다.
예수, 석가, 공자가 가르쳐주지만
믿고 따르려하지 않으며

색다른 길만을 요구한다.

그들은
도시화에 익숙해서
믿음을 잃어버리고
이곳저곳 기웃거리며
미로 속을 우왕좌왕 걸어 다닐 뿐이다.

– 「현대인」 전문 –

산 정상에 앉아서 눈 아래 풍경을 바라보니
길게 뻗은 길 따라 내 삶도 따라 가네
바로 앞 나뭇가지에 걸터앉은 이름 모를 산새가
헤매는 내 길을 가르쳐 주네.

–「산새가 가르쳐준 길」 –

앞의 「현대인」에서는 '길'이 4회나 나오고, 다음의 「산새가 가르쳐준 길」에서는 본문 4행 중 '길'이 2회나 나온다. 이런 상태는 '길'에 관한 의식이 이영일 시인의 심저에 깊게 내재되어 있음을 의미한다. 그는 칠흑 같은 어둠 속에서 절망하지 않고 밝은 길을 찾아 나선다는 의지를 보여주고 있다. 「산새가 가르쳐준 길」을 보면 그는 산새에게도 길을 묻고 답을 얻고자 한다. 그는 굴광성 식물처럼 절망적인 어둠 속에서 한 줄기 길(빛)을 찾아 치열하게 뻗어나가는 의지적 작용을 보여주고 있다.

내 남은 삶은
호미가 되어 살리라.

세월의 흐름에 애환을 맡기고
희로애락에 흔들리지 않으며
솟구치는 콩잎에 입맞추고
돌멩이에 부딪치는 대로
뜨거운 지열을 온몸에 받고서
콩밭 매는 어머니 같이
흙과 친한 호미처럼 살리라.

마침내 생명의 하늘까지
이어주는 풀잎
내리치는 번개에도 아랑곳하지 않고
끝이 무디어 대지를 뒤집지 못해도
흙과 숨을 쉬는 호미처럼 살리라.
-「호미」 전문-

누룽지 우려낸 숭늉을 마시고
애달픈 나의 마음속을 달랜다.

어릴 때 마셨고 앞으로도 마실
은근 달콤한 우유 빛 밥풀
앞으로는 검은 솥 우려먹은
누런 밥덩이를 볼 것 같지 않고
문 밖으로 쏟아지는 별빛을 맞으며
어둠을 깨우는 수탉소리 들릴 것 같지 않고

우연히
누룽지 끓는 틈에 불려서 우려낸
별을 먹고
메뚜기를 먹고
나방을 모시는 사람이니

오랜 가뭄 끝에
벼 이파리에 맺히는 아침 이슬로 메마른 목을 축이며
주룩주룩 퍼붓는 빗방울을 기다리는 농부의 마음처럼
텅텅 빈 창고
애달프고 한숨 내는 숨소리이니.

– 「숭늉을 끓이며」 전문 –

앞의 시 「호미」는 어머니와 동류로서 의인화되고 있다. '호미'라는 사물이 암시하고 있는 바와 같이 여기에서는 토속적 향토정서가 물씬 풍겨나고 있다. 이 시인은 호미와 친하고 흙과 함께 살던 어머니처럼 그렇게 원시적 생명감으로 살고 싶다는 의지를 내비치고 있다.

다음의 시 「숭늉을 끓이며」 역시 토속적 향토정서가 물씬 풍겨나고 있다. 언어라고 하는 것은 그 생활을 통해서 해당 민족 공동체적 얼이 담긴 약속을 의미한다. 그 약속된 언어를 충실히, 그리고 효과적으로 부려 쓰게 될 때 감동을 주고받게 된다. 연령이 높은 사람일수록 '숭늉'이라든지 '누룽지' '검은 솥' '수탉소리' '메뚜기' '나방' 등의 낱말만 대하게 되는 경우 특별한 호

감으로 마음이 움직이는 까닭이 여기에 있다 하겠다.

뒷산 소나무 숲에서 메마른 바람이 어머니를 이끌고 왔습니다. 젖가슴 같은 두 언덕에 머물러 손자며느리를 보듬고 계셨습니다. 나는 잠시 바람의 여정을 그려보며 고단한 삶을 내려놓았지요. 어머니는 기차에 몸을 싣고 휴전선을 넘나들며 만주벌판까지 갔을 것입니다. 어머니, 당신은 투명하고 보이지 않아서 사람 따위에 신경 쓰지 않아 좋겠지요. 당신이 묻히고 온 누런 먼지는 어쩐지 해묵은 솜이불 같았습니다. 어머니는 매년 겨울이 오면 큰 방에 넓게 깔아놓은 솜이불을 뜯어내었습니다. 풀 먹이고 다듬이질하여 바삭바삭 소리가 들리는 이불솜으로 걷어내 긴 겨울밤을 그 속에서 꿈을 꾸며 지냈지요. 막걸리를 드신 아버지는 하얀 눈을 치우시고 푸른 대나무 숲을 빠져나와 봄을 맞이하셨지요. 어느 날 긴긴밤 이불솜을 바느질하며 끄응 하는 신음소리에 어둠은 더 깊어가고 있었지요. 나는 그 소리가 빛을 잃고 뒷산 소나무 숲으로 날아갈 것이라는 생각을 못했습니다. 달빛이 문지방 밑으로 들어오고 더 이상 바느질하지 못한 다음에서야 긴 겨울밤이 왔다는 것을 알았습니다.

– 「겨울밤」 전문 –

이 「겨울밤」도 여기에서 크게 벗어나지 않는다. 향토정서에 기반을 두고 있기 때문이다. 여기에는 소나무 숲과 대나무 숲, 그리고 이불을 시침하는 어머니가 네 차례나 나온다. 그 어머니는 풀먹이고 다듬이질하며 바느질을 하다가 소나무 숲으로 타계하는 것으로 되어 있다. 자연 사물과 인간 생활상이 자연스럽게 스며들기도 하고 어울리기도 한다. 인간의 자연과의 교감에서

신비의식이 살아나고 있다.

소나무가 등장하면서도 생사가 넘나드는 생활 시로서의 「죽음의 골짜기」를 간과할 수 없다.

병실의 아침을 신음소리가 열고 있었다.

창밖에서는 새순이 놀라 터져 나오고
지난겨울을 이겨낸 고엽들이
수직의 파문을 일으키며 내려온다.

하얀 천사가 의료상자를 밀고 오는데
서서히 밝아지는 병실 부근
아침과 상관없는 노인들이 솔밭 길을 걷는다.

죽음의 골짜기가 멀지 않은데
여기가 삶의 중간이란 생각이 드는지
본향이 이렇게 가까운 줄 미처 몰랐다고
언덕위의 하얀 집을 꿈꾸어왔다고
꿈을 버리지 못한 채 꼭 쥐고 있는 사람들
주사바늘의 붉은 핏방울들, 흰 유리병들
혈관의 루트가 몸을 지탱시킨다.

광기어린 주모(酒母) 같은 아우성
인왕산 바위까지 이빨처럼 흔들린다.
연옥이 앞산에 있는데, 이곳은 그래도
푸른 언덕이라는 생각을 굴렸다.

— 「죽음의 골짜기에서」 전문 —

여기에서도 생사를 넘나드는 신변의 이야기가 제재로 다뤄지고 있다. 이영일 시인의 의식세계에는 꿈꾸는 언덕 위의 하얀 집이 자리하고 있지만, 그가 접하는 병실과 고엽과 하얀 천사와 노인들은 '죽음의 골짜기'로 대칭되고 환유되는 삶의 중간지대로서의 치열성을 보여주고 있다. 여기에도 '길'이 나오고 '꿈'이 2회나 나오는 까닭이 어디에 있을까? 그는 주변이 겪고 있는 죽음의 골짜기에서도 단순한 주검이 묻히는 곳에 국한하지 않고 '꿈'과 '솔밭 길'로 상징되는 소망 의지를 견지하는 것으로 보인다.

한 걸음 한 걸음 오르자
시야가 트이는 절벽에
위태로운 소나무가 아슬아슬 버티고 있었네.

이제는 가슴이 뛰고 입술이 마르며
숨을 꼭 참고 심호흡을 해봐도
한걸음 전진할 수 없다네.

그간 빠르게 전진하지 못했지만
조금씩 전진하며 살았네.
순풍이 열대성저기압으로 변하고보니
반칙인생 사노라고 풍파가 있었네.

거센 비바람을 견뎌온 소나무는
넓고 푸른 바다를 향해
더 이상 소리칠 수 없어 멈추고 말았네.

바람소리 파도소리 한숨소리로
혼합된 음질이
솔잎에 묻혀 먼 허공을 자맥질하네.
―「비애(悲哀)」―

여기에도 '소나무'가 나온다. 그런데 이 소나무는 보통 소나무가 아니라 층암절벽에 아슬아슬 버티고 서 있는 바위틈의 소나무다. 이 소나무는 이영일 시인 자신으로 의인화되고 있다. 그는 학문과 예술을 위하여 한 걸음 한 걸음 줄기차게 올라왔다. 소나무로 상징되고 대칭되는 그는 거센 비바람을 견디어낸 끝에 대학교수가 되었고, 시작품으로 문단에 데뷔하여 시인이 되었다. 층암절벽의 소나무처럼 각박한 현실을 딛고 우뚝 서게 되었다. 시쳇말로 인간승리라 할 수 있겠다.

보고 싶다는 말로는 다
전할 수 없어서
내 마음을 한지에 곱게 적어
하늘을 향해 불사릅니다.

그리움이 종종 찾아와
다른 어떤 것으로도 대신할 수 없기에
촛불을 밝혀드립니다.

다시 만나는 게 어려울지라도
숨을 쉬고 있는 지금은
사랑하고 그리워한다고 전하고 싶어요.

전에는
아주 오래 전에는
그런 말에 익숙하지 못하였기에
이제야 누런 한지에 먹물로 그려내어
그대의 제사상에 올려드립니다.

-「전하지 못한 말」-

"인간에 있어서는 일체의 것이 다 길이다."라고 G.바슐라르는 설파했다. 많은 사람들이 길을 길로 보지 못하고 헤매는 경우도 많은 세상이다. 어지러운 사회 현실에서 이영일 시인은 '소나무 숲'이라든지 '대나무 숲' '꿈길'과 '도랑 길'에 많은 관심을 보이고 있다. 이러한 사물들은 이 시인의 내면세계에 앙금처럼 자리하고 있음을 의미한다.

마지막으로 살펴본 「전하지 못한 말」은 언어의 불완전성에 기인된 言外意를 표현하고 있다. 일찍이 朱熹가 「詩經集註序」에서 시의 존재이유를 말하기를 언어가 있어도 언어로써 능히 표현하지 못하기 때문에 그 접근된 오묘한 표현을 위해서 여운이 남는 시를 이루는 까닭이라고 했다. 앞의 시에서처럼 모호성과 명료성으로 균형과 조화를 이루어 시의 진경을 나타내기 위해서 여운으로 남게 하는 시의 경지가 요구된다 하겠다.

보고 싶다고 말해버리면 시다운 시가 표현되어 나올 수 없다. 보고 싶다는 그 원관념을 숨기고 보조관념을 에둘러서 나타낼 수 있는 시어詩語를 찾아 나서서 가려 쓰게 될 때 그 취사선택능력으로 인해서 훌륭한 시가

탄생될 가능성이 높아지게 된다. 이영일 시인은 이제 심전경작心田耕作을 위한 농로農路에 들어서게 된 셈이다. 앞으로 농로를 넓히고 언어의 깊이갈이와 객토를 통해서 훌륭한 시작품을 생산하기 바란다.

"우리는 길을 잃고 나서야 비로소 우리 자신을 발견하게 되며, 우리의 위치와 우리의 무한한 범위의 관계를 인식하게 된다."고 설파한 D. H. 소로의 말처럼, 무수히 많은 길을 찾아 헤맨 끝에 꿈꾸는 숲길을 통과한 이영일 시인이 앞으로 시의 길을 탄탄대로로 닦아가기를 바란다.

이영일 시집 꿈꾸는 숲길

초판인쇄 2013년 6월 7일
초판발행 2013년 6월 12일
지 은 이 이영일
발 행 인 황송문
펴 낸 곳 문학사계
주 소 서울특별시 영등포구 문래6가 56-1
미주프라자 B1 102호
전 화 070-8845-9759
(010)2561-5773
팩 스 (02)2676-9759
이 메 일 songmoon12@hanmail.net
등 록 2005년 9월 20일
제318-2007-000001호

값 7,000원

ISBN 978-89-93768-33-6 03810

배포처 자유문고 (02)2637-8988

이 도서의 국립중앙도서관 출판시도서목록(CIP)은
서지정보유통지원시스템 홈페이지(http://seoji.nl.go.kr)와
국가자료공동목록시스템(http://www.nl.go.kr/kolisnet)에서 이용하실 수 있습니다.
(CIP제어번호: CIP2013006867)